AF236398

GLÜCKSFREUDE MEINER WORTWUNDERWELT

Wundertütenpoet

VON

TINA HÜSCH

DIE MÖGLICHKEITEN VON LEICHTSINN UND POESIE

Bibliografische Information der Deutschen Nationalbibliothek: Die Deutsche Nationalbibliothek verzeichnet diese Publikation in der Deutschen Nationalbibliografie; detaillierte bibliografische Daten sind im Internet über dnb.dnb.de abrufbar.

© 2021 Tina Hüsch

ISBN: 9783753457987

Herstellung und Verlag: BoD – Books on Demand, Norderstedt

ABOUT ME

In mir leben die wildesten Ideen und geben in den buntesten
Farben meiner fröhlichen Phantasie ein abenteuerliches Zuhause.
Ich mag Apfelmus zur Pizza, niemals würde ich ihn pur essen,
und Gelee muss mit aufs Käsebrot.
Ich liebe den Geruch von frisch gemähtem Gras
und habe für sieben Leben zu viel Klamotten im Schrank
und Flausen im Kopf.
Ich bin süchtig nach Buchstaben
und kann die Energie von Worten spüren.
In meiner Welt lebt in allem etwas Schönes und wartet nur
darauf, von mir entdeckt zu werden.
So ist mein Leben eine Abenteuerentdeckungsreise
der schönen Dinge und Wesensarten.
Ich bin begeistert von der Magie,
die im Zauber aller Anfänge schläft, und so freue ich mich sehr,
dass Du mein neues Büchlein in den Händen hältst,
und bin fasziniert, dass Du mich auf meinen neuen Streifzügen
durch die Welt der Dichtkunst begleitest.

Komm mit und genieße die Sonne der Glücksfreude.

Viel Spaß bei der Magie der Poesie.

TINA

FÜR MEINES

SEINS

FREUDENGLÜCK ...

Für alle,

die an das Glück der Freiheit

und die Wunder der Seele glauben.

Für Euch,

die Ihr die Magie des Augenblicks liebt,

wenn Flausen Purzelbäume schlagen.

Für Dich,

weil Du niemals müde wirst,

die Faszination in den kleinen Dingen zu suchen.

INHALT

EINBLICK, EINSICHT,

ERKENNTNIS ...

Was darf auf keiner Reise fehlen?
Was sollte nie ausgehen?
Was möchte man immer im Gepäck haben?
Es ist das Glück!
Es ist die Freude!
Glück und Freude kann man nicht kaufen,
Glück und Freude kann man nur empfinden.
Sie werden größer, je mehr man sie mit anderen teilt.
Die Empfindung ist ein Gefühl, das im Inneren von uns lebt.
Es wird von der Freude getragen, vom Gefühl, dazuzugehören, sich nicht getrennt zu fühlen, sondern komplett, vereint und verstanden.
Es ernährt sich von der Energie, die wir ihm geben.

Die Art und Weise, wie wir unserer Aufmerksamkeit Energie schenken, entscheidet darüber, ob wir Glück oder Traurigkeit empfinden.
Wie wichtig ist es da, sich der sonnigen Seite des Lebens zu widmen, damit die richtigen Empfindungen einziehen können.
Offen zu sein dafür, die Schönheit des Lebens in jeder Sekunde seiner Erdenreise zu erkennen, denn nur so kann man diese beiden wundervollen Lebensbegleiter, die Glück und Freude heißen, sein Eigen nennen.

14

Es ist ein großes Geschenk, Glück und Freude auch dort noch zu erkennen, wo die meisten Menschen nur Alltagsgrau und Trübsinnsdunkel sehen, es ist eines der größten Geschenke überhaupt, denn ein freudiges Gemüt ist mit Geld nicht zu bezahlen und besitzt die Macht, alles in seinen Bann zu ziehen.

Schöne Gefühle gleichen einem wundervollen Sonnenstrahl.

Die Kunst des eigenen Empfindens liegt darin, offen und empfänglich für das Schöne im Leben zu sein.

Auch wenn man im Winter friert, da man nicht die direkte Energie der Sonne spüren kann, so ist sie doch da, die Energie unseres großen, warmen, hellen Himmelskörpers.

Auch nachts, wenn es dunkel ist, hat die Sonne nicht aufgehört zu scheinen, sie hat ihr Strahlen noch nicht einmal unterbrochen, lediglich hat die Erde sich gedreht und damit hat sich unser Blickwinkel verschoben.

Es ist also immer unsere Sicht auf die Dinge, die die Dinge zu dem macht, was sie sind.

Und so ist es im Leben auch mit Glück und Freude ... man kann sie nicht immer sehen, aber dennoch sind sie da.

Man muss an sie glauben, sie suchen, dann wird man sie finden ... zuerst in kleinen Dingen, wie einem Lachen, einer Blume, einem lieben Blick ...

Und je mehr man danach sucht, umso mehr findet man ...

Das Glück und die Freude fangen an zu wachsen und werden mehr und mehr. Du darfst nur niemals aufhören zu suchen und daran zu glauben.

Denn alles, an was Du glaubst, hat eine unendliche Macht über Dein Leben. Alles, an was Du glaubst, füllst Du selbst mit Energie aus und erweckst es dadurch zum Leben.

15

So hat in unserem Leben immer das Macht über unser Sein, was wir selbst mit Energie befüllen und ihm dadurch Flügel schenken.

In Dir allein, in Deiner Seele, dort leuchten sie, die Glücks-Freudensterne, und warten nur darauf, dass Du sie erkennst.

Denn die Frage, die es sich zu stellen gilt, ist: Leben oder nicht leben?
Die entscheidende große Frage kommt vor der allerletzten Tür.
Wenn Gabriel fragt: Himmel oder Hölle, wofür warst Du hier?

Wir selbst rufen alles in unser Leben und sind uns doch so oft gar nicht dessen bewusst, was wir tun, denn sonst könnte man die Menschen viel mehr lachen hören und der Humor wäre ständiger Gast in allen Lebenslagen. Befüllen wir den Frohsinn und die Freude mit Energie, dann kommen diese beiden mit Spaß und Glück in unser Leben. Geben wir hingegen den unschönen Dingen unsere Kraft und füttern wir unsere Probleme, dürfen wir uns auch nicht wundern, wenn diese zu wachsen beginnen, denn schließlich haben wir sie doch selbst mit unserem Herzblut gedüngt.
Aus diesem Grunde ist es so unendlich wichtig, die eigene Lebensreise immer aus einem sonnigen Blickwinkel heraus zu betrachten.
So kann das Vergnügen Einzug halten und dem Spiel des Lebens das schöne Sonnenwetter verleihen.

Ich frage mich manchmal, warum so viele Menschen sich mit Absicht auf die Gewitterwolken des Lebens stürzen, sie mit der eigenen Kraft ihrer negativen Leidenschaft aufladen und dann verwundert sind, wenn es anfängt zu regnen und die ersten Blitze zucken ...

Sie scheinen nicht zu bemerken, dass sie es sind, die ganz alleine entscheiden können, wie die eigene Emotion das Leben weiter gestalten wird.

Aus diesem Grund lasst uns anfangen, in allem das Schöne zu erkennen, das Schnurrhaar des Positiven auch unter einem Berg von Problemen zu finden und zu schauen, wo es sich versteckt hat, das große Glück. Denn wenn man ein Schnurrhaar erkennen kann, dann gibt es auch noch einen dicken, fetten Freudenglücksrest.

Halte Dich niemals nur an der Traurigkeit und Schwermut des Lebens fest, sie sind wie ein großer Ozean und ziehen Dich mit ihrer Sogwirkung in ihre Tiefe.
Verinnerliche Dir die Gewissheit, dass unsere Träume sich nur dann erfüllen können, wenn wir die innere Bereitschaft dazu haben, an ihre Erfüllbarkeit zu glauben.
Denn aus unserem Glauben entsteht die Kraft der Magie, die alles in unser Leben zaubern kann.

Sei ehrlich zu Dir selbst, dann weißt Du, es sind im Grunde nie unsere Erfahrungen, die uns zu dem Menschen machen, der wir sind. Sondern es ist das, was wir aus unseren Erfahrungen machen.

Erkenne, wo sie sind, die Geschenke Deines Lebens. Denn alles, was aus freien Stücken zu Dir kommt, ist das, was wirklich zählt im Leben, das, was wertvoll ist, und das, was zu Dir gehört.

Wenn die Wassermassen der Tränentraurigkeit über Dir zusammenfließen, wird das leichte Atmen immer schwerer, Du kannst die Oberfläche nicht mehr erkennen, kannst gar nicht glauben, dass es dort oben eine Sonne gibt. Doch es gibt sie, sie scheint, und sie scheint auch für Dich, Du musst nur bereit dazu sein. Befreie Dich von der Schwermut der Traurigkeit und lass Dich von der Leichtigkeit der Freude nach oben tragen, dahin, wo Du

17

wieder leicht und frei atmen kannst, und der weitere Weg Deines Lebens liegt in Deinen eigenen Händen.

Glücklich zu sein bedeutet auch, mutig zu sein, bedeutet, keine Angst zu haben, die eigene Verletzlichkeit zu zeigen. Mut bedeutet, sich nicht zu schämen, sondern sich und seinen Wünschen selbst treu zu sein.

Lerne, Dich selbst zu erkennen, damit Du Dich nicht hintergehst, nicht übergehst und nicht vergisst.

Um Dich zu erkennen, musst Du in Dich hineinhorchen, dein Inneres spüren. Du musst aus Deiner äußeren Welt gehen, um Deine innere Welt finden zu können, damit Du letztendlich in der äußeren Welt ohne Sorgen bestehen kannst.

So wirst Du lernen, in allen Situationen die Möglichkeiten zu erkennen, die sich Dir als Lebenschance vorstellen, und die Bereitschaft entwickeln, auch ein Risiko einzugehen, denn große Wunder haben nicht viel Geduld, man muss sie beherzt an den Händen fassen, sonst suchen sie sich einen anderen, der bereit ist, mit ihrer Zauberkraft die Träume des Lebens zur Realität zu erwecken.

So oft halten wir an gewohnten Dingen fest, die uns eigentlich nur noch traurig machen und den Weg versperren, wir mästen sie sogar, unsere Probleme, indem sich unser Kopfkino nur noch diesen einen Problemfilm in Dauerschleife gönnt und dadurch unsere ganze Tatkraft und Aufmerksamkeit schluckt.

Wir sollten vielmehr in uns hineinspüren und sie fühlen, die Impulse, einen Neustart zu wagen, unseren Illusionen die Selbsttäuschung zu nehmen und so groß zu träumen, dass die Träume die Realität begeistern, so dass sie

18

nicht mehr anders kann, als unser Wunschdenken zur Wirklichkeit werden zu lassen.

Suche nach Dir und entdecke Dich in Dir, solange Du am Leben bist.
Denn nichts ist auf Dauer in diesem Deinem befristeten Leben, doch Du bist der Künstler, der es zeichnet, Du allein gibst Deinem Leben die Farben.
Also wähle ein Regenbogenkunterbunt mit Einhornglitzer, sieh in jedem neuen Tag die einzigartige Möglichkeit, Dir selbst zu begegnen, um bei Dir zu bleiben.

Jetzt ist genau der richtige Augenblick dafür, es ist nie der Moment, der vergangen ist.
Lass niemals zu, dass Deine Vergangenheit versucht, Deine Gegenwart zu verfälschen, lass sie vergangen sein.
Und der Augenblick wird auch nie der sein, der kommen wird ... er liegt nie in der Zukunft.
Das Geheimnis liegt immer im Jetzt.

Also handle, wenn nicht jetzt, wann dann? Wenn nicht hier, wo dann?
Fang AN!

Denk daran, Dein Herz schaut in keinen Kalender.
Vertrau Deinen Gefühlen, Deiner Intuition, schau durch die Augen Deiner Seele und Deines Herzens, so wirst Du in allem die Wahrheit erkennen.
Suche nicht nach Menschen, die Dir als Wegweiser dienen sollen, sei sicher, dass Deine Seele den Weg von selbst findet, wenn Du ihr nur Vertrauen schenkst.

19

Und so soll sie in uns leben, die Freude des Glücks, und unsere ganz eigene Glücksfreude kreieren.

So dass es strahlt in uns, das: **Freudenglück!**

F - lausen

R - omantisch

E - nergie

U - nbeschwertheit

D - ankbarkeit

E - ntzückt

N - eu

G - eschenk

L - achen

Ü - berraschung

C - hance

K – ompliment

Wenn man die **Flausen** in seinem Kopf kennenlernt und zu verstehen beginnt, wie **romantisch** es ist, die **Energie** zu spüren in ihrer vollen **Unbeschwertheit**, dann kann die **Dankbarkeit** einziehen.

So fühlt man sich **entzückt**, dieses **neue Geschenk** des **Lachens** und der damit verbundenen **Überraschung** zu erleben,

die in allem eine **Chance** sieht.

Wenn diese Erkenntnis kein großes **Kompliment** an das Leben wert ist, dann weiß ich es auch nicht ...

Mit dieser inneren Sicherheit, dass die Freude in einem selbst wohnt, kann man sich jedem Sturm des Lebens stellen und eine kleine Windböe daraus zaubern.

Also fang an, gegen den Strom zu schwimmen, verzaubere Dich selbst, auf dass Du die Welt verzaubern kannst.

Denn wer in sich zu Hause ist, wird die Glücksfreude überall finden.

Da sie in ihm wohnt und von dort hinaus in die Welt zieht, wo die Seele lacht.

GLÜCKSFREUDE IN MIR

Du Glücksfreude in mir,
Du Freudenglück im Jetzt und Hier.
Du bist
die Energie, die mich zum Lachen bringt,
die Freude, die da in mir singt,
auf dass mein Herz so herrlich springt.
Ich liebe,
das Schöne überall zu sehen,
es wird hoffentlich nie mehr vergehen.
Mein Glaube an das Gute nur,
bestätigt mir die richtge Tour.
So lauf ich stur
das Wunder sehend
und alle Flausen in mir drehend
in die Richtung, wo die Sonne immer scheint,
im Hochgefühl der Welt vereint.
Du Wundertraum,
da in mir drin.
Du bist mein großer Hauptgewinn.

21

Ich erkenne Dich wieder, und die Freude darüber, dass Du meine Poesie liest, wächst in mir riesengroß.

Ich wünsche mir sehr, dass Du all diese Freudenglücke, von denen ich Dir erzählt habe, in Dir finden wirst.

Auf dass sie zur Glücksfreude Deines Lebens werden können.

KOMM MIT INS ABENTEUERLAND DER PHANTASIE

UND ENTDECKE DIE WUNDER IN DIR ...

ERSTER STREICH ...

Hallo, **Ich bin's** wieder ...

Ist diese **Innenweltreise** nicht wunderschön? Wenn der **Spielball des Selbst** seinen eigenen **Herzschlag** spürt, der **Krampf** vergeht und der **Scherz der Vernunft** einen **Achtsamkeitstraum** träumt.

Denk stets daran, **Fürs Protokoll, Warten heißt starten**, dann kann die **Spinnerei der Wunderlichkeit** ein **Selfie** schießen und einen neuen Lebenslauf schreiben.

23

ICH BIN'S

Das Herz macht hüpf,
die Freude grins,
ICH bin's!

24

INNENWELTREISE

Egal, was ich auch tue,
ich schließe meine Augen zu,
nehm das Taxi in mir drin
und fahr nach meines Wunderlandes-Sinn
so mitten in mir drin.
Bei meiner Party angekommen,
bin ich von mir ganz benommen.
Da gibt es so viel Freude wie noch nie …
Ich liebe sie – meine Magie der Phantasie!

25

SPIELBALL DES SELBST

Fröhlich sein ist wie Sonnenschein
und lustig ist das Lachen,
dann wenn die Seele will
verrückte Sachen machen.
Lass dein Selbst der Spielball sein
in diesem puren Sonnenschein.

HERZSCHLAG

Herz, was willst du, Herz?
Schlagen?
Ohne zu verzagen?
Darf ich dich was fragen?
Wie kannst du diese ganze Last ertragen?
Und immer wieder einen neuen Schlag wagen?

KRAMPF

Wenn die Lösung ihre Ruhe braucht
und die Verkrampfung heimlich raucht.
Dann hat die Entlastung sich still besoffen
und die Entschädigung die Flucht getroffen.
So ist die Lockerung ausgeblieben
und die Erholung muss die Erlösung verschieben.
Wo ist nur die Entspannung geblieben?

29

SCHERZ DER VERNUNFT

Den Blick Richtung Sonne,
die Freude im Herzen,
das ist dem Glück eine Wonne
und für die Vernunft nur ein Scherzen.
So möcht ich alle Tage tanzen
im hellen Sonnenschein,
nicht im Großen und im Ganzen,
nur mit der Freude im Herzen allein.
Denn alle Vernunft ist eigentlich nur Schmerz,
für meiner Seele Herz.
Und so erlaub ich mir den Scherz
des endlos ungestümen Glücklichseins
so in mir drin,
wo ich genau weiß,
wer ich BIN!

ACHTSAMKEITSTRAUM

Immer dann, wenn die Sonne lacht
und der Regenbogen tanzt,
gebe ich auf meine Träume acht,
dann bekommen sie keine Angst,
nicht Realität zu werden in der Wirklichkeit,
sondern ein Traum zu bleiben
in der Unendlichkeit von jeglicher Zeit befreit.
Und deshalb ist es wichtig,
die Sonne zu genießen
und den Regenbogen zu begrüßen,
auf dass man mitten in der Nacht,
das Einhorn hör'n kann, wie es leise lacht.

FÜRS PROTOKOLL

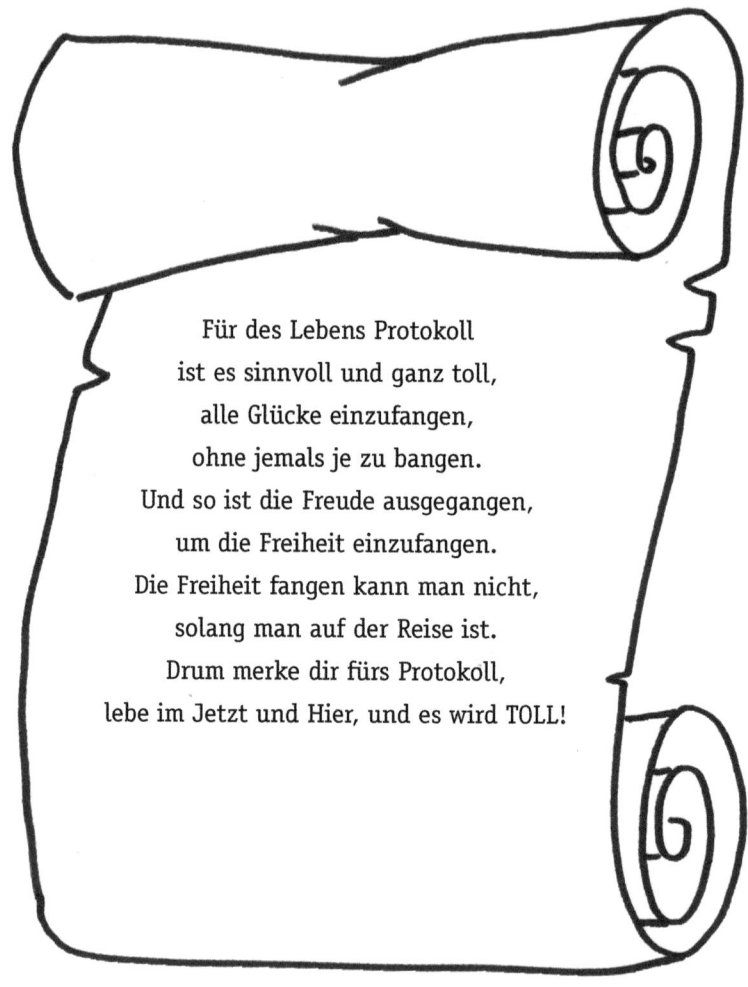

Für des Lebens Protokoll
ist es sinnvoll und ganz toll,
alle Glücke einzufangen,
ohne jemals je zu bangen.
Und so ist die Freude ausgegangen,
um die Freiheit einzufangen.
Die Freiheit fangen kann man nicht,
solang man auf der Reise ist.
Drum merke dir fürs Protokoll,
lebe im Jetzt und Hier, und es wird TOLL!

WARTEN HEISST STARTEN

Warten heißt auch starten
in eine neue Zeit.
Zu neuen Zielen,
neuen Taten,
für neue Ideen bereit.
Langsam bedeutet
auch mal schneller,
individueller
und einfach nur da,
um den Funken zu zünden,
in den alle Einfälle münden.

SPINNEREI DER WUNDERLICHKEIT

Jeder Scherz braucht seinen Spott
für ein riesiges Komplott.
Damit der Aberwitz zur Seite springt,
wenn die Torheit sich betrinkt.
Die Allüre mit einem Fimmel plant
und die Verrücktheit leise warnt.
Dann hat die Macke den Tick vergessen,
die Spinnerei den Wahn gefressen,
die Wunderlichkeit ihre Neigung gefunden.
Und alle sind ganz eng
verbunden in der Alberei
so niedlich morgens früh um drei.

34

SELFIE

Wie ist die Gesellschaft so
ARSCHBUTTERGLATT.
So eiskalt, doch fettig
und froschig zugleich?
Wo sind all die warmen Worte?
Weggeflutscht im glitschigen Glatt.
Wo ist all die Freude hin?
Wo des Lebens froher Sinn?
Seifenglatt und glitschig feucht
vergraulen wir gekonnt
das Gesicht des Lachens, um faltenfrei
und aufgespritzt so zu sein,
dass jedes SELFIE sitzt!

ERKENNTNISSE DES ERSTEN STREICHS ...

WIE gefällt sie Dir, Deine Innenweltreise, wenn Dein Inneres zu Dir spricht, so leise und weise?

Kannst Du Deinen Herzschlag spüren?

Wie sind sie,

die Erkenntnisse, die Dich auf neue Wege führen?

Schreib sie auf, vergiss sie nie, so werden sie zur schönsten Melodie.

ZWEITER STREICH ...

Es ist so wichtig, dass man im Leben erkennt, dass man sich auf einer Reise durch ein Abenteuerland befindet und dass der Weg das eigentliche Ziel ist. Alles gleicht einem riesigen Spiel, und deshalb sollten wir unsere Leichtigkeit nie verlieren.

Wir sollten immer einen Joker im Ärmel haben, der uns jederzeit zum Lachen bringt.

SO BEGLEITEN DICH MEINE GEDICHTE BEI DEM SPIEL, DAS SICH LEBEN NENNT ...

Komm und fahr mit mir **Karussell der Sinne**, mit einer **Prise Verrücktheit** werden wir den **Wolkenhimmel** im **Frühlingssonnenschein** nie sehen.

Die **Vision der Illusion** bei jeder neuen **Lektion** am **Horizont** verlangt nach einer **Energieladung**.

Denn **Glück ist ...**, bei jeder **Tücke mit der Lücke** den **Glitzersinn** der **Philosophie** zu sehen.

KARUSSELL DER SINNE

Auf dem Karussell der Sinne
dreht sich mein Gedankengut:
Ich fühl mich frei,
ich fühl mich leicht,
es tut mir einfach gut.
Es dreht sich immer weiter
und alles in mir wird heiter.
Ich liebe dieses Spiel,
es gibt mir so unendlich viel.
Das Karussell der Sinne
ist meines Herzens Ziel!

PRISE VERRÜCKTHEIT

Jeder braucht einen Tick,
eine fixe Idee,
eine Nuance Leichtmut,
die nur guttut.
Eine Prise Verrücktheit
mit einem Schuss Übermut.
Ein wenig Schimmer,
der wirkt wie eine Flut.
Eine Idee im Anflug
als fixe Eigenart.
Einen Hang zur Macke
für der Sinne Kopfsalat.
Einen Fimmel,
der den Knacks nicht kennt.
Einen Dachschaden,
damit man das Firmament erkennt.
Einen Knall,
der seinesgleichen sucht.
Eine Schrulle, die ihre Eigentümlichkeit verflucht.
Eine Angewohnheit,
kein bloßer Spleen,
damit die Verrücktheit kann einziehen.
Einen Anfall, der Empfindung kennt.
Eine Leidenschaft fürs
HAPPY END!

43

WOLKENHIMMEL

Manchmal ist der Himmel rosa
und nicht immer strahlend blau,
und manchmal ist er sogar einfach nur ein bisschen grau.
Lass dir nicht vom Himmel sagen,
wie das Wetter in dir ist,
du musst nicht den Himmel fragen,
wenn dein Herz von Freude spricht.
Lass dein Herz laut tobend tanzen,
lass es still vor Freude schreien,
denn in dir im großen Ganzen
wird der Himmel immer
blau mit rosa Wolken sein!

44

FRÜHLINGSSONNENSCHEIN

Ist es nicht schön, hier auf der Welt zu sein?
Ist es nicht schön,
so im frühen Frühlingssonnenschein?
Neue Ideen zu erleben,
so dass neue Möglichkeiten schweben
im Gedankenrund der Seele.
Fahren sie dann Karussell,
alles dreht sich und bewegt sich,
lacht dich an und regt sich.
Und jetzt muss alles nur
mit großem Schillern weiterrennen,
mir alle kleinen Freuden nennen,
mir die kleinen Glücke zeigen,
so dass ein Lachen mag verweilen
in meinem Gesicht,
auf dass die Ewigkeit
für alle Traurigkeit löscht das Licht.

45

VISION DER ILLUSION

Da lebt eine Sehnsucht in mir,
eine Vision meiner Illusion.
Eine Schwärmerei mit Hang zur Utopie.
Ein Wunschtraum für das große WIE!
Eine Fiktion, die nach Verlangen ruft.
Eine Idee, die ihren Meister verflucht.
Eine Spekulation meiner Phantasie.
Eine Zauberei meiner großen Manie.
Ein Luftschloss für mein Wolkenkuckucksheim,
ein Wunsch, keine
Selbsttäuschung zu sein.

47

LEKTIONEN

Es ist so witzig,
wie das Leben spielt.
Quietschvergnügt und ungetrübt
kommen die Lektionen,
ohne dich zu schonen.
Schauen dir beim Leben zu,
rauben dir gar alle Ruh.
Sind sie auch manchmal ein Hemmschuh,
such in ihnen nach Möglichkeiten
und du wirst sie finden,
deine Chancen – und dann wird alles in dir tanzen.

HORIZONT

Lass sie los,
die grauen Wolken
für des Himmels blauen Horizont.
Lass sie los, die Sorgen,
und verschieb alle Probleme auf morgen.
Nimm die Freude an die Hand,
zieh das Glück an seinem Band.
Lass das Lachen lauthals fliegen
und alle ihren Anteil kriegen.
Spür die Leichtigkeit des Lebens,
fühl, wie alle Tränen sind vergebens.
Erkenne, wer du wirklich bist,
bevor die Zeit dich irgendwann vergisst.
Erfinde so der Sonnen Freudenstrahl
Und denke:
„Alle Verpflichtung kann mich mal!"

50

ENERGIELADUNG

Irgendwie braucht meine Energie
eine Philharmonie gegen Alltagsallergie.
Denn ohne Strategie
habe ich keine Galerie
für meine Bilder des großen WIE!
Und die Kategorie des WARUM
führt dann Regie,
du, das wollt ich noch NIE!

51

GLÜCK IST ...

Glück ist ein Halt,
Glück ist Rettung,
Glück ist Stütze und Projektion.
Glück ist Dasein,
Glück ist Durchbruch,
Glück ist gewinnen und gelingen.
Glück ist ein Los, ein Wurf,
ein Hauptgewinn
für meiner Gedanken Wunsch-Gespinn.
Glück ist Belohnung durch den ersten Preis,
Glück ist im Sommer auch ein Eis.
Glück ist die Freude, die im Herzen lacht
und nur für dich immer neue Späße macht!

TÜCKE MIT DER LÜCKE

Ist es nicht immer diese Tücke mit der Lücke?
Wo sie auch auftaucht,
man sie nicht braucht,
und es ist doch gerade diese Lücke,
die ohne jegliche Tücke
einem das Leben verschönert.
Man hätte sich so gerne an sie gewöhnt,
an diese herrliche Lücke,
wäre bloß nicht diese blöde Tücke!

53

GLITZERSINN

Ich habe Glitzer im Herzen,
ich habe Glitzer im Sinn,
ich habe Glitzer in der Seele
und gebe mir selbst den größten Sinn.
All das bekomm ich
mit ein wenig Glitzer
ganz von selbst so für mich hin!

PHILOSOPHIE

Ich mag sie, meine Schwächen,
sind sie auch eine Unsitte meiner Marotte.
Doch ich brauch ihr Quäntchen Übermut,
ihre Verzagtheit,
ihr altes Tunichtgut.
Brauch diese Allüren
für meine Manie,
damit meine Buchstaben werden
zur Philosophie.

55

ERKENNTNISSE DES ZWEITEN STREICHS ...

HIER ist noch eine große Lücke für die Ideen Deiner Tücke.
Für den Glitzer Deiner eignen Philosophie. Schreib alles auf und vergiss es nie!

....
....
....
....
....
....
....
....
....
....
....
....
....
....
....
....
....
....
....
....
....

56

DRITTER STREICH ...

Wie gefällt es Dir, das Spiel des Lebens?

Ich finde, es ist so wundervoll zu erkennen, dass mit ein bisschen Humor viel mehr Leichtigkeit in das eigene Sein einzieht.

Es ist doch so wichtig, sich selbst nicht zu ernst zu nehmen und über sich lachen zu können.

So werden die Sorgen und Probleme sich nicht festbeißen und alles hat mehr Frohsinn.

AUF DIESE WEISE KOMMEN AUF EINER IMMER NEUEN REISE WIEDER WEITERE GEDICHTE VON MIR ZU DIR ...

Der **Wirbelwind** meiner Seele hat mit Hilfe der **Musikbox** den **Tanz der Worte** eröffnet, um im **Sonnenglücksschein** den **Wahnsinnseinfall** zu haben, ein **Sonnengedicht in Regenbogenfarben** zu schreiben, auf dass der **Magnetismus Kunterbunt und Seelenrund** als **Hochgenuss** für den **Lebensweg** meiner Seele einziehen kann.

WIRBELWIND

Freude ist ein Wirbelwind
wie mein kleines inneres Kind.
Will laut lachen,
vor Freude schreien,
eine große Macke teilen
und niemals irgendwo verweilen,
wo die Langeweile lebt.
Denn sonst schwebt
die Fröhlichkeit von dannen,
denn die fühlt sich eingefangen,
wenn zu viel Ruh auf einmal kommt,
so prompt!

60

MUSIKBOX

Und überhaupt
ist überall zu wenig Musik.
Zu wenig Melodie in meinem Lied.
Und dabei mag ich sie so gern,
die Symphonie der lauten Töne
für das leise Wie!
Wo ist mein Klang geblieben,
wo sind die Lieder um mich rum?
Sind sie in den Musikboxen verblieben
und ihre Zeit, ist die jetzt um?

61

TANZ DER WORTE

Ich schreib die lauten Worte
und hör die leisen,
wie sie in meiner Seele kreisen,
um in mir drinnen alle Zeit zu bestimmen.
Wie sie die Phantasie anstacheln,
immer neue Kreativität zu entfachen,
bis mein Herz anfängt zu lachen
über die verrückten Sachen,
die mir kommen in den Sinn,
und ich mich frage, wer ich bin.
So im hellen Sonnenschein,
wo draußen die lauten Worte
tanzen Ringelrein.

SONNENGLÜCKSSCHEIN

Wenn man die Freude sehen kann,
scheint alles hell,
wenn man die Liebe spüren kann,
sogar ein bisschen grell.
Dann ist die Zufriedenheit
vor lauter Glück ganz aufgeregt.
Und das Dasein hat die
schönste Melodie aufgelegt.
So will ich tanzen im Sonnenschein
und glücklich sein!

WAHNSINNSEINFALL

Wo ist er, mein Wahnsinn,

meine Laune,

meine Narrheit,

meine Idiotie?

Wo sind meine Gedanken,

sehen kann ich sie nie?

Wo ist er, der Unsinn, der alle Märchen schafft?

Wo sind meine Gefühle,

hat der Larifari sie dahingerafft?

Wo lebt der Nonsens

mit all dem Wahnwitz

in aller Seligkeit?

Wo ist die Paranoia

für jeden Spaß bereit?

Wo ist der Wahnsinnseinfall,

wenn alle sind ganz hirnverbrannt?

Ist der Unfug etwa weggerannt?

Dorthin, wo der Kokolores Mätzchen macht,

dort tief drinnen in meiner Seele

wird so unendlich viel gelacht.

65

SONNENGEDICHT

Meiner Sonne Sonnenlicht
ist der Sonnenschein für mein Gedicht.
Meiner Sonne Sonnenglanz
mein Sonnenstrahl in meiner Hand.
Fällt ein Licht auf mein Gedicht,
dann hör ich, wie es leise spricht:
Sei ein Sonnenstrahl für die Poesie,
schreib mich auf, dann bin ich
dein Gedicht und du vergisst mich nicht!

66

REGENBOGENFARBEN

Ein Regenbogen in der Seele
reflektiert die Farbe überall!
Ein Lied im Herzen,
ein Gedanke zum Scherzen,
ein Spaß zum Lachen,
so können wir viele
verrückte Sachen machen!

67

MAGNETISMUS

Wenn dir die Freude wird von der Traurigkeit gestohlen,
dann musst du sie dir schon selbst wiederholen.
Als Erstes brauchst du ein Lächeln im Gesicht,
dann finden dich die Freunde der Traurigkeit nicht.
Doch die Kameraden des Frohsinns
werden dein Lachen sehen
und mit schnellen Schritten zu dir gehen.
So wirkt der Magnetismus auf diese Welt,
und hast du das einmal verstanden,
ist es mehr wert als alles Geld.

KUNTERBUNT UND SEELENRUND

Ich will einmal Himmelblau
und Wiesengrün.
Will Herzensrot
und Sonnengelb.
Bin unschuldsweiß
und doch sehr grell.
Ich will ein Kunterbunt
in meinem Seelenrund.
Will den Regenbogen direkt
vor mir auf den Himmel holen.
Werd ihn dann zum Lachen bringen.
und lustige Lieder mit ihm singen.

69

HOCHGENUSS

Wenn Frohsinn und Belustigung
ihren wahren Sinn erleben,
erwachen alle Späße
mit Hochgenuss zum Überfluss.
Wenn dann das Vergnügen
sich mit Begeisterung erfüllt,
kann sich keiner mehr wagen
und sagen, er kennt kein Behagen,
denn so kommt das Glück am Stück zurück!

LEBENSWEG

Ich bin auf dem Weg
und werde immer unterwegs sein.
Es gibt kein Ziel,
doch ich glaube,
dass weiß nur ich allein.
Es gibt hier und da mal eine Pause,
einen Zwischenaufenthalt,
auf meiner langen Reise,
auf diesem Erdenball.
So schreite ich von dannen
mit einem Lächeln im Gesicht
und hab mit jedem Schritt
die Zuversicht
die Traurigkeit, die kriegt mich nicht.
Denn ich bin ihr immer einen Schritt voraus,
und da ist das Gedicht schon AUS!

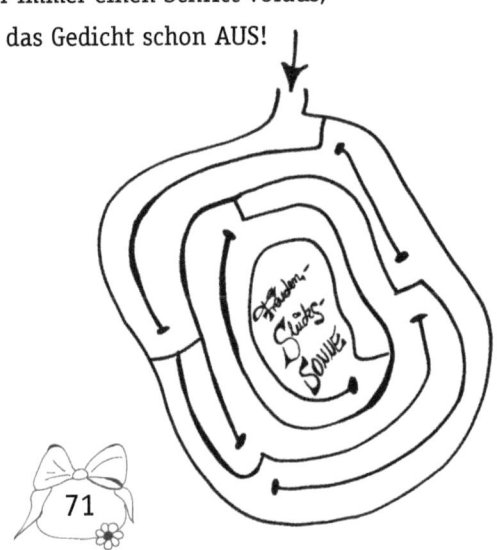

71

ERKENNTNISSE DES DRITTEN STREICHS ...

ICH hoffe, der Humor geht Dir nie wieder aus, drum schreib Dein eigenes Rezept für den Magnetismus in Deinem Leben auf!

. . . .

. . . .

. . . .

. . . .

. . . .

. . . .

. . . .

. . . .

. . . .

. . . .

. . . .

. . . .

. . . .

. . . .

. . . .

. . . .

. . . .

. . . .

. . . .

. . . .

72

VIERTER STREICH ...

Wie fühlst Du Dich mit dem ganzen Sonnenschein und Frohsinn im Sinn?

Was macht sie mit Dir, die Leichtigkeit, dem Leben mit immer größerer

Freude zu begegnen?

Wie findest Du sie, die neuen Möglichkeiten, auch in Schwierigkeiten neue

Chancen zu sehen und den leichten, sonnigen und schönen Lebensweg zu

gehen?

FRÖHLICH, FRECH UND FREI KOMMEN SO AUCH MEINE LETZTEN GEDICHTE FÜR DICH HERBEI ...

Im **Zufriedenheitsrausch** den **Sommertraum** der **Lebenslust** zu
genießen, ist ein **Glücksfall.**
Dieses **Daseinsmärchen**, wenn des **Frohsinns Leuchten**
eine **Freudenparty** gibt und die **Lebenssonnengeister** den
Glücksmoment der **Freudenzeit** feiern.

75

ZUFRIEDENHEITSRAUSCH

Das höchste Gefühl
ist die Zufriedenheit.
Wenn die Erfüllung ihren Frieden teilt.
Und die Freude mit viel Harmonie
genießt die Wonne wie noch nie!
Wenn dieses Wohlbefinden
wird zur Seligkeit,
dann ist die Zeit der Eintracht nicht mehr weit.
Wenn das Behagen fröhlich tanzt,
dann schreit die Genugtuung laut:
ICH KANN´S!

SOMMERTRAUM

Der Wald, er zieht sein schönstes Kleid an,
kleine Feen kichern leis,
Blätter fallen,
Zwerge tollen,
Trolle wollen Erdbeereis.
Doch vorbei des Sommers Zeiten,
Pusteblume,
Purzelbaum,
doch er wird wiederkommen,
dieser eine Sommertraum.

LEBENSLUST

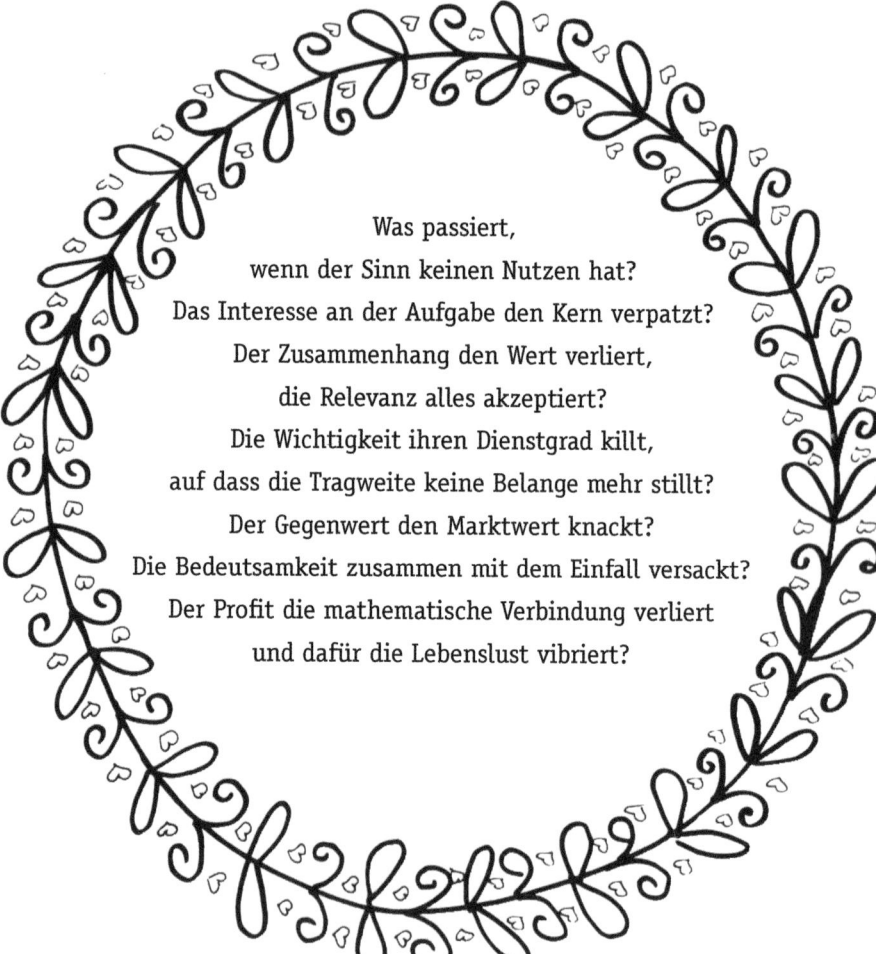

Was passiert,
wenn der Sinn keinen Nutzen hat?
Das Interesse an der Aufgabe den Kern verpatzt?
Der Zusammenhang den Wert verliert,
die Relevanz alles akzeptiert?
Die Wichtigkeit ihren Dienstgrad killt,
auf dass die Tragweite keine Belange mehr stillt?
Der Gegenwert den Marktwert knackt?
Die Bedeutsamkeit zusammen mit dem Einfall versackt?
Der Profit die mathematische Verbindung verliert
und dafür die Lebenslust vibriert?

80

GLÜCKSFALL

Es ist so eine Glückssache mit dem Glücksfall.
Der Glücksumstand muss mit Freude
die Glückseligkeit küssen,
damit das Hochgefühl der Wonne
dem Glück seinen Segen zum
Glücklichsein gibt.

81

DASEINSMÄRCHEN

Es ist so erfreulich, gemütlich und nett.
So positiv, reizvoll, sonnig und heiter.
So wundervoll ansprechend,
geschmackvoll und klar.
So elegant, gefällig, strahlend und warm.
So wolkenlos, friedvoll, romantisch, ganz lind.
So malerisch, idyllisch, märchenhaft, wild.
So verrückt, entzückt und laut lachend.
Meiner Seele Sein,
so rein und klein in einem Märchenschloss daheim.
Es ist mein Wunderland der Phantasie,
von hier an nur mit ganz viel Energie!

FROHSINNS LEUCHTEN

Ist es nicht schön, fröhlich zu sein?
Wenn man durchsichtig vom vielen
Glücklichsein in den Armen
der Zufriedenheit liegt?
Es ist ein angenehmes Gefühl,
das die Seele ganz ausfüllt
und alles freudig-schön erhellt!
Und alles ohne das geringste Geld!

FREUDENPARTY

Wenn die Freude eine Party gibt,

dann sind alle total verzückt.

Dann wenn Frohsinn und Vergnügen

über Lustbarkeit verfügen,

fröhlich ihre Lieder trällern,

lachend und schäkernd

sich die Zeit erhellen.

Die Energie ein Feuer macht

für die Lebensfreude mitten in der Nacht.

Das Hochgefühl vom 5er springt

und in Harmonie ertrinkt.

Dann ist das Wohlbehagen vor Beglückung fasziniert,

wenn vom vielen Tanzen,

die Seele in Ekstase leicht vibriert.

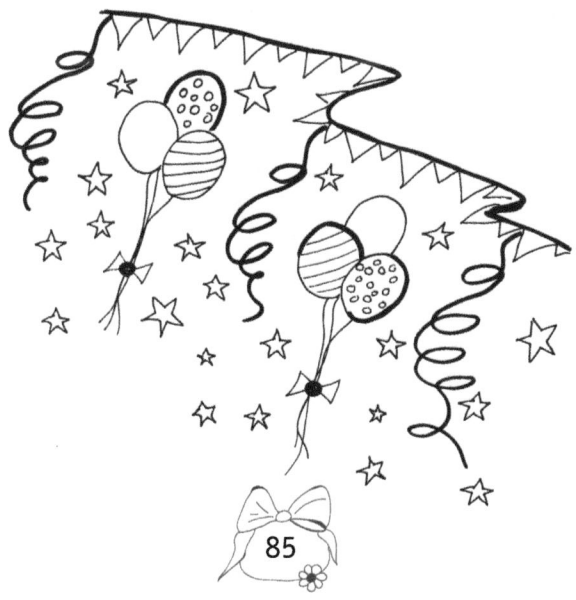

85

LEBENSSONNENGEISTER

Wenn mich die Sonne weckt,
mit ihren sanften Frühlingsstrahlen,
fangen meine Lebensgeister
an sich zu recken
und sich gegenseitig zu necken.
Wird's da draußen strahlend hell,
überpurzeln sich
meine Gefühle wieder zu schnell.
In mir geht es rauf
und runter
und ich bin total putzmunter!

GLÜCKSMOMENT

Da gibt es diesen Glücksmoment,
der meine Freude beim Namen nennt.
Da gibt es dieses Brauseschmetterlingsgefühl.
Da gibt es im Herzen dies wilde Gewühl!
Da gibt es die Wärme in meinem Bauch
und das Kribbeln auf der Zunge gibt es auch.
Da gibt's so viel Verrücktheit in meinem Kopf,
dass mein Herz wie wild klopft!
Da gibt es das, was ich Leben nenne!
Wenn alle Späße vor Freude rennen!
Ach, was fühl ich mich so wohl,
tief in mir lebt mein Idol.
Es kennt nur Lachen und den Wunderwahn,
kann nur Schönes sehen
und sein Glück will sich wie wild drehen.

87

FREUDENZEIT

Wenn mein Herz fliegt,
meine Hoffnung siegt,
sich alles himmelblau wiegt.
Dann werden Märchen wahr,
alle Traurigkeit ist rar
und nur noch große Freude da!

ERKENNTNISSE DES VIERTEN STREICHS ...

ICH hoffe, Dein Zufriedenheitsrausch füllt Dich bis in den Süden Deines Herzens aus.

Ich wünsche mir, dass Deine Lebenslust ständig zu Gast auf Deiner eigenen Freudenparty ist.

Erzähle Dir selbst von Deinem neuen Daseinsmärchen und nutze diese Zeilen, um ein bisschen schriftlich in Deinen Träumen zu verweilen.

. . . .

. . . .

. . . .

. . . .

. . . .

. . . .

. . . .

. . . .

. . . .

. . . .

. . . .

. . . .

. . . .

. . . .

. . . .

. . . .

90

SCHLUSSHOFFNUNG

Ich hoffe,
Dir haben meine Gedichte gefallen
und eine Menge Ideenfunken bei Dir geweckt.
Die Faszination der Worte
soll Deinen Flausen immer neues Ideenfutter
für die schönsten Glückseinfälle liefern.
Ich wünsche mir sehr,
dass Dich das Freudenglück dieses Büchleins
stets begleiten wird.
Erkenne in allem die zauberhafte Magie
eines neuen Anfangs und zögere nie,
Dich in das Abenteuer des Lebensspiels zu stürzen.
Bis bald an dem Ort,
wo die Überraschungen wohnen ...

Wundertütenpoet

Besuche mich auf

www.wundertuetenpoet.de